DIE WEGE NACH
SANTIAGO DE COMPOSTELA

Die Texte wurden in Zusammenarbeit
mit Julie Roux verfasst
Dieses Werk wurde mit Unterstützung
des Centro Estudios Camino Santiago - Sahagún
und Herrn Humbert Jacomet,
Dezernent für Museums- und Denkmalspflege erstellt
Übersetzung von Martina Biernoth

▲▲ *Die Geschichte von Jakobus und Hermogenes. Fenster der Kathedrale von Chartres. Der Zauberer versuchte vergeblich Jakobus von seinem Weg abzubringen.*

Enthauptung Jakobus' d. Ä. Silberner Jakobsaltar in Pistoia.

◄ *Jakobus und Johannes, Cámara Santa, Kathedrale von Oviedo. Jesus nannte die Brüder scherzhaft „die Donnersöhne".*

Kathedrale von Compostela. Maria Salomé, Mutter Jakobus' d. Ä.

JAKOBUS DER ÄLTERE

Jakobus *der Ältere*, Sohn der Maria Salomé und des Zebedäus, gehörte wie sein Bruder Johannes der Evangelist zu den zwölf Jüngern Jesu. Der *Apostelgeschichte* zufolge wurde Jakobus auf Befehl von König Herodes 44 n. Chr. enthauptet. Sein Leben und Wirken ist relativ unbekannt und nicht selten verwechselte man ihn mit Jakobus, Sohn des Alphäus, und Jakobus dem Jüngeren, einem der *Brüder Jesu*. Eusebius von Cäsarea berichtet in seiner im 3. Jh. verfassten *Kirchengeschichte*, wie der gemarterte Jakobus einen Gelähmten heilte. Josias, der den Apostel ausgeliefert hatte, wohnte diesem Vorfall bei und bekehrte sich daraufhin zum Glauben Christi. Zusammen erlitten sie den Märtyrertod. Im 5. Jh. schreibt Hieronymus in seinem *Kommentar zu Jesaja* Zebedäus' Söhnen die Missionierung der römischen Provinzen Illyrien und Hispanien zu. Diese These wurde im 7. Jh. von Isidor von Sevilla und später, im 8. Jh. von Beatus von Liebana aufgegriffen. Das von Beatus komponierte *O Dei Verbum* erwähnt Jakobus d. Ä. als Oberhaupt Hispaniens, das rund fünfzig Jahre zuvor, im Jahre 711, den Untergang des westgotischen Reichs durch die einfallenden Mauren erlebte. Die These von der Missionierung Spaniens durch Jakobus d. Ä. erhärtete sich durch die Entdeckung seiner Grabstätte um 820 bei Iria Flavia im Nordwesten der iberischen Halbinsel unter

Alfons II. (792-842). Der Legende nach wurde dem Einsiedler Pelajo als erstem die Existenz des Apostelgrabes offenbart. Wenig später sahen die Einwohner von San-Fiz de Livio ein himmlisches Licht leuchten, das den genauen Ort anzeigte. Auch der herbeigerufene Bischof von Iria Flavia, Theodomir, sah den Lichtschein und veranlasste, nach dem Grab zu suchen. Unter dichtem Dornendickicht fand man den Sarkophag des Apostels. Im 10. Jh. nannte man den Fundort in Anlehnung an dieses Ereignis, Compostela – *Sternenfeld*. Zwei aus der Zeit vor der Entdeckung der Grabstätte stammende Quellen, nämlich die *Translatio* und ein apokrypher Brief von Papst Leo geben Antwort auf die sich aufdrängende Frage, wie denn der Leichnam des in Jerusalem verstorbenen Apostels ins nordspanische Galizien gelangte. Diese Schriftstücke sind Teile des *Codex Calixtinus*, der in den Archiven der Kathedrale von Compostela aufbewahrt wird. Demnach legten sieben Getreue den Leichnam des Apostels in ein Boot und erreichten nach sieben Tagen Iria Flavia, das heutige Padrón. Später begruben sie ihn weiter im Landesinneren. Das Grab entwickelte sich nach seiner Entdeckung rasch zur Pilgerstätte. Später wurde Jakobus als *Matamore* (Maurentöter) verehrt, als er – so die Legende – den Helden der *Reconquista* zum Sieg verhalf.

▲ *Jakobus und die hl. Jungfrau von Pilar, Chorgestühl der Kathedrale von Burgos. Die hl. Jungfrau erschien dem Apostel im Jahre 39 bei einer Predigt in Zaragossa.*

◀ *Die Überführung des hl. Jakobus, Freske in der Kirche Notre-Dame de Rabastens. Nach ihrer Ankunft in Galizien baten die Anhänger Jakobus die reiche Römerin Luparia um eine Grabstatt. Vergeblich versuchte sie die Getreuen zu überrumpeln und stellte ihnen einen Drachen und wilde Stiere in den Weg. Zum christlichen Glauben bekehrt, überließ sie ihnen einen Tempel, wo sie den Apostel beerdigten.*

◀ *Schloss Clavijo. Während der legendären Schlacht von Clavijo gegen Abd-Al-Rahman II. (844) erschien der hl. Jakobus dem asturischen König Ramirez I. und verhalf auf einem feurigen, weißen Hengst kämpfend seinen Schützlingen zum Sieg.*

▶ *Der hl. Jakobus Matamore, Tympanon von Clavijo in der Kathedrale von Santiago de Compostela. Im 12. Jh. wurde Jakobus nicht nur als Apostel oder Pilger, sondern auch als „Maurentöter" dargestellt.*

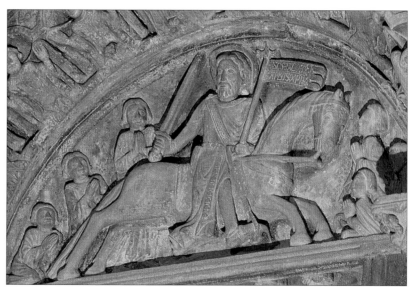

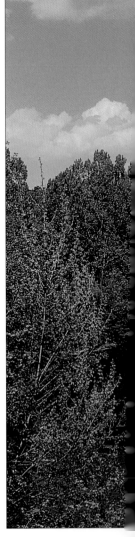

▲ *Kathedrale von Santiago de Compostela. Silberne Truhe mit den Gebeinen der Heiligen Jakobus, Theodor und Athanasius. Diese Truhe befindet sich in der Krypta unter dem Hochaltar, dort, wo man 820 das Apostelgrab entdeckte.*

◄ *Cäcilienkirche in Montserrat aus dem 11. Jh.*

► *Le Puy, Saint-Michel d'Aiguilhe. 951 ließ Godeschalk diese dem Erzengel Michael geweihte Kapelle errichten.*

AUF DEM WEG
DER STERNE

Wie eine Urkunde aus dem Jahr 834 belegt, pilgerte Alfons II., der Keusche, als einer der ersten an das Apostelgrab. Über der Grabstätte ließ er eine Kapelle errichten. Angesichts des wachsenden Pilgerstroms veranlasste sein Nachfolger, Alfons III., der Große (866-910), die Errichtung einer Basilika, die 899 geweiht wurde. Die Neuigkeit von der Entdeckung des Apostelgrabes verbreitete sich rasch und bald strömten Pilger aus allen Teilen der christlichen Welt herbei. Im Jahre 930 begab sich der blinde Mönch Meinrad aus dem Benediktinerkloster Reichenau auf die Pilgerschaft nach Galizien. 950 trat Godeschalk, Bischof von Le Puy, die Wallfahrt nach Compostela an, 959 gefolgt von Cäsarius, Abt des Klosters St. Cécile de Montserrat, und dem Bischof von Reims. 961 fand Graf Raimund II. von Rouergue auf dem Weg nach Compostela einen gewaltsamen Tod. Der sich nahe der Grabstätte entwickelte Ort musste 971 normannischen und maurischen Angriffen standhalten. 997 wurde er schließlich von Al-Mansur eingenommen, der das Apostelgrab allerdings verschonte. In Anbetracht der immer größer werdenden Pilgerscharen wich die wiederaufgebaute Basilika auf Drängen des Bischofs Diego Pelaez 1078 einem neuen und größeren Gotteshaus. Neben Rom und Jerusalem entwickelte sich

◀◀ *León, San Isidoro, Freske des königlichen Pantheons. Nach der Belagerung der Stadt durch Al-Mansur im 10. Jh. kamen die Pilger im 11. Jh. zur Verehrung der Reliquien des hl. Isidor. Manche pilgerten von Saint-Sauveur zum Heiligenschrein in der Cámara Santa der Kathedrale von Oviedo.*

◀ *Monte del Gozo – Berg der Freude. Er trägt seinen Namen zu Recht, denn von hier aus erblickten die Pilger erstmalig den Wallfahrtsort.*

7

Compostela zu einem der bedeutendsten
Wallfahrtsorte der Christenheit. Um 1130
verfasste der Mönch Aimeric Picaud den
Guide du Pèlerin, den *Pilgerführer*. Dieses
letzte Buch des *Codex Calixtinus* beschreibt
die verschiedenen Pilgerwege und legt
die Etappen und zu verehrenden Reliquien
fest. Die Wallfahrt wurde aus den
verschiedensten Gründen unternommen.
Die einen traten diese Reise aus reiner
Frömmigkeit an. Andere erhofften sich
das Seelenheil oder die Heilung eines
Gebrechens. Wiederum andere erfüllten ein
in großer Gefahr abgelegtes Gelübde. Auch
der Ritterstand fand sich am Wallfahrtsort
zur Austragung von Turnieren ein. Straf-
oder Inquisitionsgerichte erlegten so
manchem Verurteilten eine Wallfahrt zur
Verbüßung seiner Tat auf. Schließlich gab
es die sogenannten „professionellen" Pilger,
die die Wanderschaft an anderer statt
unternahmen. Gewappnet mit Pilgerstab,
Bettelsack und Kalebasse überwanden die
Jakobspilger unzählige Gefahren. In den
Pilgerherbergen entlang des Weges
erhielten sie Proviant, eine Bettstatt und
Pflege ihrer Wunden. Nach Wochen der
Anstrengung und Entbehrung hatten sie ihr
Ziel erreicht und beteten am Grab des
Apostels. Nach ihrer Rückkehr traten viele
Pilger zur Erinnerung an ihre Wallfahrt
einer der zahlreichen Jakobus-
Gesellschaften bei.

*▲▲ Angreifende Wölfe,
Museum von Roncesvalles.
Wölfe, Flussdurchquerungen,
Unwetter, Erschöpfung,
Hunger und Durst waren das
tägliche Los der Wallfahrer.*

*▲ Pilger. Fries im Ospedale
del Ceppo, Pistoia.*

*◀ Compostela. Im Mittelalter
trugen die wahren
Jakobspilger zum Beweis
ihrer Wallfahrt die ihnen
überreichte Weihmünze.
Damit wollten sie sich auch
von den „Coquillards"
unterscheiden, die im
Pilgergewand getarnt auf
Raubzug gingen.*

▲ *Romero-Pforte des Hospital del Rey in Burgos.*

▶ *Emmaus-Pilger, Flachrelief im Kreuzgang von Silos. Der den Wanderern auf dem Emmaus-Weg erschienene Christ ist hier als Pilger dargestellt. Eine Jakobsmuschel ziert seinen Bettelsack. Auf den Jakobswegen wandelten nicht nur Menschen, sondern auch Ideen, Techniken und die Schönen Künste. So zeigen die romanischen Kunstwerke entlang dieser Wege zahlreiche mossarabische und muselmanische Stilelemente. Demnach stellt sich die Frage, ob vielleicht nicht derselbe, maurische Meister sowohl die Meisterwerke von Silos, als auch die von Souillac oder Moissac erschuf.*

◀ *Pilgerherberge von Orbigo, Brücke über den Orbigo. 1434 war ein Heiliges Jahr. Aus diesem Anlass veranstaltete der Ritter Suero de Quiñones aus León ein Turnier, den Paso Honoroso. Zu Ehren seiner Herzensdame legte er jeden Donnerstag eine vergoldete Silberhalskette an und forderte zusammen mit neun anderen Mitstreitern jeden Ritter heraus, der die Brücke über den Orbigo zu passieren trachtete. Er verpflichtete sich, bis zu dreihundert Lanzen gegen die zu brechen, die seine Herausforderung annahmen.*

9

▲ *Chartres, Kathedrale Notre-Dame.*

◄ *Jakobsturm in Paris. Einziger Überrest der Kirche Saint-Jacques-de-la-Boucherie.*

▶ *Chartres, die Freske der Krypta zeigt Jakobus d. Ä.*

▶▶ *Der Karlsturm in Tours. Überrest der ehemaligen Basilika Saint-Martin.*

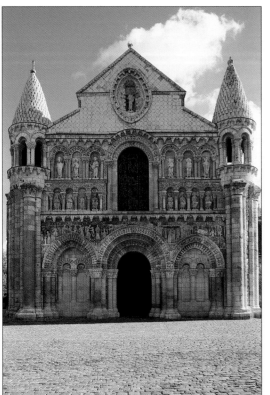

▲ *Petruskirche in Aulnay im Saintonge.*

◄ *Notre-Dame-la-Grande in Poitiers. Dieses romanische Kunstwerk wurde zwischen 1120 und 1150 errichtet.*

▶ *Die zwei unvollendeten Türme der Abteikirche Saint-Jean-d'Angély.*

▶▶ *Mont-Saint-Michel.*

VIA TURONENSIS

Die Pilger aus Nord- und Nordwest-Europa sammelten sich zunächst in Paris. Nach Anhörung der Messe in der Kirche Saint-Jacques-de-la-Boucherie wanderten viele Pilger über Chartres, Chateaudun, Vendôme, Montoire und Saint-Jacques-des-Guérets Richtung Tours. Die meisten folgten jedoch dem *Pilgerführer* und gingen über Orléans, Notre-Dame de Cléry und Blois nach Tours. Diese Stadt gab dem Weg seinen Namen – *Via Turonensis*. Viele Gläubige pilgerten zum Grab des hl. Martin, der im 5. Jh. Bischof von Tours gewesen war. Von dort führte der Weg über Chatellerault nach Poitiers, wo einst der hl. Hilarius – geistiger Vater des hl. Martins – den Bischofssitz führte. Die ihm geweihte Basilika, deren Krypta bis heute seine Reliquien birgt, wurde 732 von Abd-Al-Rahman noch vor seiner Niederwerfung durch Karl Martell zerstört. Von Poitiers folgten einige Pilger einem parallel zum Hauptweg verlaufenden Pfad. Dieser sich über Charroux, Civray und Angoulême erstreckende Nebenweg verband Poitiers mit La Sauve-Majeure. Die meisten gingen jedoch über Lusignan, Melle, Aulnay und Saint-Jean-d'Angély nach Saintes. In Melle stießen die über Parthenay – Heimatstadt Aimeric Picauds – kommenden Pilger aus Mont Saint-Michel zu ihnen. In seinem *Pilgerführer* widmet Aimeric Picaud ein bedeutendes Kapitel dem aus der Gegend

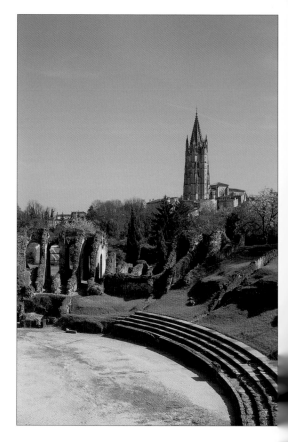

um Saintes stammenden Eutropius, Märtyrer des 4. Jahrhunderts. Nach Saintes erwarteten die Pilger Pons und sein Hôpital Neuf. Von dort gelangten sie dann nach Blaye, wo Karl d. Große den 778 in der Schlacht von Roncesvalles gefallenen Roland hatte begraben lassen. Nach Überquerung der Gironde wandte sich ein Teil der Pilger nach Soulac, um den Reliquien der hl. Veronika zu huldigen; andere zogen in Booten die Garonne hinauf, Richtung Bordeaux. Dort beteten sie am Grab des hl. Seurin, der im 5. Jh. den Bischofssitz führte. Sie rasteten in der Herberge Saint-James, bevor sie die gefürchteten *Landes* durchquerten. Nach Mons, Saugnacq-et-Muret und Labourheye führte der Weg zur Paulskirche bei Dax. Von dort überwand der Cagnotte – Weg, kurz vor der Abtei von Arthous die *Gaves Réunis* (Zusammenfluss der Gebirgsbäche) bei Peyrehorade. Um zur Abtei Saint-Jean de Sorde zu gelangen, mussten die über den Pouillon – Weg kommenden Pilger zunächst den *Gave* von Pau und dann den *Gave* von Oloron überqueren. In Sauveterre traf die *Via Lemovicensis* auf die *Via Turonensis* und am *Gibraltar-Kreuzweg* bei Saint-Palais auf die *Via Podiensis*. Hinter Saint-Jean-Pied-de-Port überquerten die Pilger die Pyrenäen am Cize-Pass und rasteten in der 1132 gegründeten Herberge von Roncesvalles. Dann ging der Weg weiter nach Pamplona, Obanos und Puente La Reina.

◀ Saintes, das Amphitheater und die Kirche Saint-Eutrope. Der Legende nach entsandte Petrus den Sohn des Emirs von Babylon, Eutropius, zur Missionierung in das 20 v. Chr. gegründete römische Mediolanum Santonum. Zahlreiche Pilger huldigten seinen Gebeinen, die in der Krypta der nach ihm benannten Kirche ruhen. Sie machten ebenfalls am Frauenkloster Abbaye-aux-Dames Station.

▶ Bordeaux. Sarkophag in der Krypta von Saint-Seurin.

◀◀ La Sauve-Majeure. Die 1079 gegründete Benediktinerabtei war ein willkommener Halt der Pilger, die von Poitiers über Charroux und Angoulême nach Belin wanderten.

◀ Apsis der Benediktinerabtei Saint-Jean de Sorde. In der Herberge an den Ufern des Gave von Oloron schöpften die Pilger Ruhe und Kraft, bevor sie die Pyrenäen erklommen. Eine der wichtigsten Einnahmequellen der Abtei war die Fischzucht.

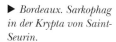

◀ Saint-Jean-Pied-de-Port, die Nive und die Kirche Notre-Dame. Die Pilger gelangten durch das Jakobstor in die Oberstadt und folgten der Spanischen Straße bis zur Brücke über die Nive.

Jakobskirche in Roncesvalles. In der Herberge Notre-Dame de Roncesvalles wurden im 17. Jh. jährlich mehr als 20000 Mahlzeiten an die Pilger verteilt.

▶ Pamplona. Kreuzgang der Kathedrale und Puerta Preciosa.

13

▲ Vézelay, Tympanon der Basilika Sainte-Marie-Madeleine. Die Entdeckung der vermeintlich echten Gebeine Magdalenas 1279 in Saint-Maximin-la-Sainte-Baume setzte der Wallfahrt nach Vézelay ein Ende. Trotzdem blieb Vézelay Sammelplatz der Pilger am Ausgangspunkt der Via Lemovicensis.

◄◄ Bourges. Apsis der Kathedrale Saint-Etienne.

◄ Nevers. Brücke und Kathedrale.

► Saint-Léonard-de-Nobl

▲▲ *Neuvy-Saint-Sépulcre.*
Die Rundkuppel wurde
1142 in Anlehnung an die
Kuppel der Grabkirche von
Jerusalem erbaut. 1257
wurden hier drei Tropfen
Jesu Bluts verwahrt.

▲ *Abteikirche von La*
Souterraine. Die 1015
erbaute Abtei führte der
hl. Martial von Limoges.

VIA LEMOVICENSIS

Die Abtei von Vézelay, im Herzen des Burgunds, war Sammelplatz der aus Belgien, den Ardennen, Lothringen oder der Champagne kommenden Pilger. Die 855 von Girart de Roussillon gegründete Abtei erhielt nach der Angliederung an Cluny (1055) die Reliquien Maria-Magdalenas. Von Vézelay aus gelangten die Pilger nach Eguzon. Dazu wählten sie entweder den Weg durch das Berry über La Charité-sur-Loire, Bourges, Charost, Issoudun und Déols oder sie wanderten durch das Gebiet der Nièvre über Bazoches, Nevers, Saint-Amand-Montrond und La Châtre zur Zisterzienserabtei von Varenne und nach Neuvy-Saint-Sépulcre. In Nevers verließen manche Pilger die *Via Lemovicensis*, wandten sich Richtung Süden und durchquerten die Auvergne. Dort erreichten sie die *Via Podiensis*. Dieser Nebenweg führte über Orcival, Issoire und Brioude. Von Eguzon verlief die *Via Lemovicensis* nach La Souterraine, eine unterirdische Kultstätte gallo-romanischen Ursprungs und weiter zur Abtei Bénévent, benannt nach der italienischen Stadt Benavente. Von dort stammen die i. J. 1028 überführten Reliquien des hl. Bartholomäus, die seither in der Abtei aufbewahrt werden. Saint-Léonard-de-Noblat ist eine der Hauptetappen des *Pilgerführers* von Aimeric Picaud. Er widmete diesem Heiligen lange Abhandlungen, schließlich war er Chlodwigs Patensohn und Neffe des damaligen Bischofs

von Reims. Als der „Kettenbrecher" wurde er von vielen befreiten Gefangenen verehrt, die ihre ehemaligen Fesseln an sein Grab legten. Limoges, das römische *Augustoritum*, war die nächste Etappe. Im 3. Jh. bekehrte der hl. Martial den Ort zum Christentum. Im 9. Jh. entstand eine Stadt um die dort errichtete Benediktinerabtei, die die Reliquien des Heiligen verwahrte. Hinter Limoges führte der Weg an der Festung von Châlus vorbei, bei deren Belagerung Richard Löwenherz 1199 den Tod fand. Der erste Halt im Périgord fand im Marktflecken La Coquille statt, dessen Namen auf die Jakobsmuschel und die Pilgerfahrt hinweist. Manche Pilger machten einen Abstecher zur Abtei Brantôme. Andere wanderten über Sorges direkt nach Périgueux und machten am Grab des hl. Front Station. Der hl. Front hatte die Gegend missioniert und konnte nicht nur Reptilien vertreiben, sondern auch gleichzeitig an verschiedenen Stellen erscheinen. Von Périgueux aus begaben sich die Pilger nach Bergerac, wo sie den Fluss Dordogne überquerten. Manche besuchten die Abtei von Cadouin, die im 12. Jh. das Grabtuch Christi verwahrte. Nach Eymet wanderten sie nach La Réole, überquerten die Garonne und betraten in Bazas die *Landes*. Nach Captieux, Roquefort und Mont-de-Marsan führte die *Via Lemovicensis* nach Saint-Sever, Hagetmau und Oloron zur Komturei von Orion und stieß in Sauveterre auf die *Via Turonensis*.

◄ *Kathedrale Saint-Front in Périgueux. Es heißt, der hl. Front hätte fünf Leben gehabt. Er missionierte im antiken Vesona, das 1251 in Périgueux umbenannt wurde.*

► *Jakobskirche in Bergerac.*

►► *Kathedrale von Bazas. Die Errichtung der Kathedrale wurde 1233 begonnen und Anfang des 14. Jh. mit Hilfe von Bertrand de Got, besser bekannt als Papst Klemens V., beendet. Er veranlasste 1308 den Bau des Pontifikalhofes in Avignon.*

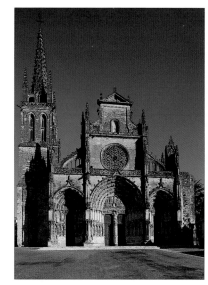

◄◄ *Apsis von Saint-Pierre-du-Mont.*

◄ *Orthez. Der Pont Vieux über den Gave von Pau. Gaston IV. gliederte Orthez 1095 dem Béarn an. Sein Nachfolger Gaston VII. Moncade (1229-1290) erhob die Stadt zu seinem Regierungssitz und veranlasste den Bau der Brücke, die im 14. Jh. unter Gaston Fébus vollendet wurde. Nach einem Aufenthalt in der Trinitarier-Herberge verließen die Pilger die Stadt über diese befestigte Brücke.*

◄ *Saint-Sever, Apsis der ehemaligen Abteikirche.*

► *Brücke von Sauveterre-le-Béarn. Bei seinem Tod hinterließ Gaston von Béarn seine schwangere Frau Sancha. Als sie ihr Kind vorzeitig verlor, beschuldigte man sie des Kindsmordes. Sie wurde gefesselt von dieser Brücke in den Fluss gestoßen und von der hl. Jungfrau von Rocamadour errettet. 1170 stiftete sie dem Abt von Rocamadour einen Wandbehang für die Kapelle der hl. Jungfrau.*

▲ *Le Puy. Der Legende nach erschien die hl. Jungfrau einer kranken Matrone aus Anis. Nach ihrer Gesundung trug sie ihr auf, an dieser Stelle eine Kirche zu errichten.*

▼ *Die Kirche Saint-Pierre in Bessuéjouls. Der Altarausschnitt zeigt den Erzengel Michael im Kampf mit dem Drachen.*

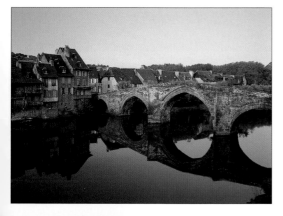

VIA PODIENSIS

▲▲ *Die auf 1307 Meter liegende Klosteranlage von Aubrac besteht aus einer Kirche, einem Klostergebäude, einer Herberge und einem Friedhof. Sie wurde von Laienbrüdern des Augustinerordens geführt.*

▲ *Der Pont-Vieux von Espalion.*

◄ *Conques. Die „Chanson de Sainte-Foy", ein okzitanisches Gedicht des 12. Jh., erzählt, wie die junge Foy, eine zum Katholizismus bekehrte Tochter einer reichen gallo romanischen Familie aus Agen zum Tod auf dem Rost verurteilt wurde. Ein Gewitter löschte das Feuer und führte zur Enthauptung der Unglückseligen. 866 raubte der Mönch Aronisde ihre Gebeine und brachte sie zur Abtei von Conques.*

D ie aus Osteuropa kommenden Jakobspilger versammelten sich im Gedenken an Bischof Godeschalk in der Stadt Le Puy. Godeschalk wanderte 950 als einer der ersten nicht-spanischen Pilger nach Compostela. Hier befand sich auch der Ausgangspunkt der *Via Podiensis.* An diesem Ort, im Herzen der fruchtbaren Vulkanlandschaft, erschien die hl. Jungfrau Maria einer Matrone aus dem antiken Anis. Anfang des 5. Jh. errichtete Bischof Scutaire eine der hl. Jungfrau geweihte Kathedrale. Nach seiner Wallfahrt ließ Bischof Godeschalk 951 auf dem Aiguilhe – Felsen eine dem Erzengel Michael geweihte Kapelle erbauen. Die Pilger überquerten den Fluss Allier, überschritten das Margeride-Massiv und gelangten nach Saugues und Nasbinals, bevor sie die Einsamkeit des Aubrac erreichten. Sie versammelten sich beim Geläut der *Cloche des Perdus* (Glocke der Verlorenen), das von der Notre-Dame des Pauvre her erschallte. Graf Adalard aus Flandern hatte das Kloster 1120 bei seiner Rückkehr aus Compostela gegründet. Danach wanderten sie über Saint-Chély-d'Aubrac das Lot-Tal hinab, vorbei an Saint-Côme-d'Olt und Espalion zur romanischen Kirche Saint-Pierre de Bessuéjouls und dem Ort Estaing. Nach Golinhac und Sénergues gelangten sie zur Benediktinerabtei Conques. Die herrliche Abteikirche beherbergte die Reliquien der hl. Foy, einer jungen Märtyrerin aus der Herrscherzeit des

Diokletian. Von Conques aus boten sich den
Pilgern zwei Möglichkeiten, um nach Moissac
zu gelangen. Der eine Weg führte über
Villeneuve zu der Kirchenfreske, die das
Wunder des abgehängten Gehängten zeigt. Von
dort aus führte er weiter über das Priorat
Laramière nach Caylus und Caussade.
Andernfalls erreichte man bei Figeac das
Célé-Tal. Von dort konnte man leicht einen
Umweg über Rocamadour machen und das
Flusstal bis zur Einmündung in den Lot
hinabwandern. Der Bau der Valentré – Brücke
in Cahors ermöglichte ab dem 14. Jh. ein
müheloses Überqueren des Flusses. Hinter
Montcuq und Lauzerte führte der Weg an den
Ufern des Tarn nach Moissac. Der Legende
nach gründete Chlodwig die Abtei Saint-Pierre
in Moissac. Nach ihrem Anschluss an Cluny
(1047) wurde die neue Abteikirche 1063
eingeweiht. Die Bildhauereien von Tympanon
und Kreuzgang wurden zwischen 1085 und
1115 gefertigt. Nach Überqueren der Garonne
erreichten die Pilger Auvillar. Die Orte
Lectoure, La Romieu, Condom, Larressingle,
Eauze, Nogaro und Aire-sur-l'Adour lagen
auf dem Weg durch die Gascogne. Im Béarn
führte der Weg über Larreule und Urdès zur
Abtei Sauvelade, die der Kreuzritter Gaston
von Béarn 1123 gründete. Nicht unweit
befand sich in Navarrenx der Sitz einer
Antoninuskomturei. Der Kreuzweg von
Gibraltar, am Fuße des Mont Saint Sauveur,
war von nun an nicht mehr weit…

▶ *Rocamadour. Im Herzen
der Causse von Gramat
erhebt sich im engen
Alzou-Tal der Felsen
von Rocamadour. In
urchristlicher Zeit hatte
sich der Gottesmann
Amadour auf diesen Felsen
zurückgezogen und eine
Betstätte zu Ehren der hl.
Jungfrau errichtet. Bereits
zu Beginn des 10. Jh. war
dieser Ort ein Wallfahrtsziel
das 1166 durch Entdeckun
des Leichnams des hl.
Amadour unter dem Vorpla
der Kapelle Notre-Dame eine
großen Aufschwung erlebte.*

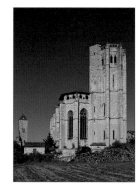

◀ *Stiftskirche in La Romie*

◄ *Cahors, die Valentré-Brücke.*

▲ *Figeac. Kapitell der Kirche Notre-Dame-du-Puy. Pippin II., König von Aquitanien von 838 bis 852, schenkte der Abtei von Conques die Ländereien des fruchtbaren Célé-Tales.*

◄ *Villeneuve-d'Aveyron, Freske vom Wunder des abgehängten Gehängten. Es handelt sich um einen jungen Pilger, der wegen Diebstahl zum Tod durch den Strang verurteilt wurde. Seine Eltern fanden ihn noch lebend am Galgen hängend vor und meldeten dieses Wunder dem Richter, der sich anschickte, zwei Hühner zu verspeisen. Er entgegnete, dass er ihnen erst glaubte, wenn die gebratenen Hühner zu singen anfängen. Was diese tatsächlich taten…*

▲ *Moissac, Portal der Abteikirche Saint-Pierre. In der Mitte: Jeremias.*

▼ *Moissac, Kreuzgang der Abtei Saint-Pierre. In den Mittelpfeiler der Westgalerie ist die Inschrift „im Jahre 1100 der Menschwerdung des ewigen Vaters" eingehauen.*

▲ *Das Boot der hl. Marien in Saintes-Maries-de-la-Mer. Ausgesetzt in einem steuerlosen Boot strandeten Maria Jakobäa, Schwester der Mutter Jesu, Maria Salomé, Mutter von Jakobus d. Ä. und Johannes, mit ihrer schwarzen Dienerin Sara an den Ufern der Camargue.*

▶▶ *Saint-Guilhem-le-Désert.*

▶ *Arles. Kreuzgang und Glockenturm von Saint-Trophime. Trophimus bekehrte die Stadt zum Christentum und folgte Paulus später nach Spanien. Bei ihrer Rückkehr bewohnten sie in Arles ein Haus unweit des Amphitheaters. Nach einem Aufenthalt in Milet kehrte Trophimus zur Segnung des Gräberfelds von Alyscamps zurück nach Arles. Dabei erschien ihm Jesus Christus und hinterließ im Felsen, dort wo er gekniet hatte, seinen Knieabdruck.*

◀ *Portalanlage der Abteikirche Saint-Gilles: der Judaskuss. Der aus Athen stammende hl. Ägidius erhielt in Arles die Priesterweihe. Jedoch begab er sich bald in die Einsamkeit der Verdon-Schluchten, wo ihn eine Hirschkuh mit ihrer Milch nährte. Eines Tages jagte ihr König Wamba hinterher und verletzte dabei den Einsiedler. Zur Wiedergutmachung errichtete Wamba eine Abtei, die Gilles als Abt leitete.*

▶ *Toulouse, Apsis der Basilika Saint-Sernin.*

VIA TOLOSANA

Arles, im Altertum *Arelate* genannt, war der Ausgangspunkt der *Via Tolosana*. Hier trafen sich die aus Italien und der Provence kommenden Pilger. In der St. Trophimus-Kathedrale aus dem 11. und 12. Jh. ruhen seit 1152 die Gebeine dieses ersten Bischofs von Arles. Das herrliche romanische Portal wurde noch rechtzeitig zur Krönung Friedrich Barbarossas zum König von Arles fertiggestellt. In der St. Blasius-Kirche huldigten die Jakobspilger den Reliquien des hl. Cäsarius. Ebenso ehrten sie die Reliquien der Heiligen Genest und Honorat in der Prioratskirche St. Honorat von Alyscamps. Manche Gläubige pilgerten in die Camargue und suchten dort die Reliquien von Maria-Jacobäa und Maria Salomé auf. Nach Arles war Saint-Gilles die nächste Etappe der Pilger, die sich um das Grab des hl. Ägidius, den legendären Gründer der Abtei Saint-Gilles, drängten. Nach Montpellier und Aniane führte der Weg nach Saint-Guilhem-le-Désert zum Grab des hl. Guillaume. Der 812 verstorbene Heilige hatte im Gellone-Tal ein Kloster gegründet. Manche Pilger wanderten dann über Lodève und Castres nach Toulouse, andere folgten dem Rat Aimeric Picauds und zogen das Herault-Tal entlang. Hinter Pézenas machten sie Halt im Kloster St.-Thibéry. Dort ruhten die Gebeine der Märtyrer Tiberius, Modestus und Florianus. Nach Béziers und der dortigen

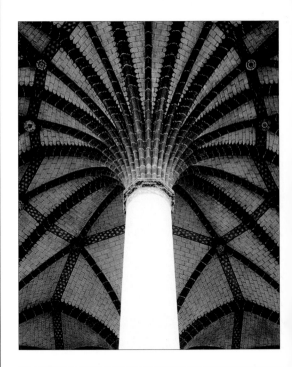

Jakobskirche wanderten sie über Carcassonne Richtung Toulouse, es sei denn, sie beschlossen, den Weg über die Pyrenäen zu nehmen, der über Saint-Gaudens und Saint-Bertrand-de-Comminges nach Oloron-Sainte-Marie führte. In Toulouse, der Stadt, die dem Weg seinen Namen gab, fanden die Pilger in zahlreichen Herbergen Unterkunft. In der Basilika St. Sernin, die 1060 erbaut und 1096 von Papst Urban II. geweiht wurde, ruhten die Überreste des hl. Saturninus zusammen mit den Reliquien Jakobus' d. Ä., die, so die Legende, eine Gabe Karls d. Großen sein sollen. Toulouse soll Schauplatz der Geschichte des abgehängten Gehängten gewesen sein. Dieses Ereignis gehört zu den zweiundzwanzig Wundern, die dem Apostel Jakobus zugeschrieben werden und das zweite Buch des *Codex Calixtinus* bilden.

Die *Via Tolosana* durchquerte die Gascogne über Gimont, Auch, Barran, Montesquiou, Maubourguet. Im Béarn verlief sie über Morlaas, Lescar, Lacommande, Orthez, das Aspe-Tal hinauf und überquerte den Somport, wo die Pilger zu Beginn des 12. Jh. in der Herberge St. Christine Aufnahme fanden. Den Aragon entlang durchquerten sie Campfranc und erreichten Jaca. Sie gelangten nach Navarra und wanderten an der Abtei Leyre vorbei. Hinter dem Schloss Javier, Sangüesa, Monreal und Eunate stieß die *Via Tolosana* in Obanos dann auf die anderen drei Jakobuswege

▲▲ *Toulouse, Jakobinerkirche, „Palmbaum". Die Dominikaner sind seit ihrer Ordensgründung im Jahre 1215 in Toulouse ansässig. Ihr Kloster wurde 1325 vollendet. Seit 1369 werden in der Kirche die Reliquien des hl. Thomas von Aquin verwahrt.*

▲ *Auch. Die Kathedrale Sainte-Marie, das erzbischöfliche Palais und der Armagnac-Turm.*

◄ *Sangüesa. Säulenstatue des Kirchenportals von Santa María la Real.*

▲▲ *Morlaàs. Tympanon des Portals von Sainte-Foy.*

▲ *Lescar, Mosaik des Domchores aus dem 12. Jh. Das Mosaik zeigt eine Jagdszene und lässt den Einfluss des maurischen Kunsthandwerks erkennen.*

▶ *Saint-Just de Valcabrère und Saint-Bertrand-de-Comminges. Um 1100 ließ Bischof Bertrand de l'Isle die Kathedrale Sainte-Marie erbauen, in der er später beigesetzt wurde. Sein Grab zog zahlreiche Pilger an. Ende des 13. Jh. ließ Bischof Bertrand de Got, später Papst Klemens V., die Kathedrale im gotischen Stil gestalten.*

◀ *Die Kirche Santa María von Eunate. Ein Kreuzgang umspannt die achteckig gebaute Kirche, die vormals wahrscheinlich als Totenkapelle diente.*

▼ *Tympanon der Kathedrale von Jaca. Dieses Bauwerk aus dem 11. Jh. beherbergt die Reliquien des hl. Idalecio, einer der sieben Anhänger Jakobus'.*

▲ *Puente la Reina.*
Dort, wo die Wege von
Somport und Roncesvalles
zusammentreffen, wurde
für die Pilger diese
sechsbögige Brücke über
den Arga gebaut.

◄◄ *Estella. San Pedro de*
la Rua.

◄ *Nájera, Kreuzgang der*
Kirche Santa María la Rea

► *San Millán de la*
Cogolla, Reliquiar des San
Millán. Die Klöster Suso
und Yuso sind diesem
Heiligen und Wundertäter
des 6. Jh. geweiht.

▲▲ *Irache. 1050 führte
das Benediktinerkloster
von Irache eine
Pilgerherberge.*

▲ *Die Grabkirche von
Torres del Río. Die
mudejarische Kuppel dieser
Grabkapelle ist mit einer
Totenlaterne verziert.*

CAMINO FRANCÉS

U nter Sancho III., dem Großen (1000-1050), wurde die fast einzige sichere und feste Straße gebaut, die von Puente la Reina nach Santiago de Compostela führte. Sie erhielt den Namen *Camino Francés* (französischer Weg), da zahlreiche Pilger über die nördlichen Pyrenäen kamen und auch, weil sich viele *Francos* (Freie), Kirchenleute, Mönche, Handwerker und Händler entlang des Weges niederließen. Die Brücke von Puente la Reina wurde in der ersten Hälfte des 11. Jh. erbaut. Alfons I., der Kämpfer (1104-1134), unterstützte die Gründung einer neuen Stadt in Brückennähe. Nachdem die Pilger über diese Brücke den Arga überquert hatten, erreichten sie über Cirauqui die auf der rechten Ega-Seite liegende Stadt Estella. 1090 rief Sancho Ramirez I. (1063-1094) die *Francos* auf, sich dort anzusiedeln. Am Ausgang von Estella befand sich das Benediktiner-Kloster Irache. Um Logroño zu erreichen, überquerten die Jakobspilger den Ebro über eine Brücke, die angeblich Domingo de la Calzada und sein Schüler Juan de Ortega erbauten. In Navarette konnten sich die Pilger in der Herberge Saint-Jean-d'Acre ausruhen. In Nájera gründete König Don Garcia das Kloster Santa María la Real de Nájera, wohin er wohl gern die Reliquien des San Millán de la Cogolla gebracht hätte. Doch Himmel und Menschen wehrten sich gegen seine Absichten und die bemerkenswerten Reliquien blieben

im Kloster von Yuso. Die Stadt Santo Domingo de la Calzada nahm den Namen des heiligen Einsiedlers an, der die Befestigung des Jakobusweges zu seiner Lebensaufgabe gemacht hatte. Hier wurde auch endgültig das Wunder des abgehängten Gehängten lokalisiert. Nach den Oca-Bergen und San Juan de Ortega war Burgos die nächste Etappe. Die 884 von Graf Diego Rodrigue gegründete Stadt besaß mehrere Pilgerherbergen, darunter die Herberge del Rey, die zur Abtei Las Huelgas Reales gehörte. 1221 begann man mit dem Bau der Kathedrale. Der Weg führte weiter über Castrojeriz und man gelangte, nach Überquerung des Rio Pisuerga in die *Tierra de Campos*. Frómista, Villalcázar de Sirga, Carrión de los Condes und Sahagún zählten zu den wichtigsten Etappen. In León verehrten die Pilger seit dem 11. Jh. die Reliquien des hl. Isidor. Unter Alfons IX. begann der Bau der Kathedrale, ein Meisterwerk spanischer Gotik. Von León gingen die Pilger über Orbigo nach Astorga, durchquerten die Maragateria und überwanden den Foncebadón-Pass, auf dem sich das Cruz de Ferro – das Eiserne Kreuz – erhebt. Dann gelangten sie über Ponferrada ins Bierzo. Hinter Villafranca del Bierzo gingen sie über den Cebreiro-Pass nach Galizien. Der Weg führte weiter nach Tricastela, Samos, Portomarín, Palas de Rei, Castaneda und Lavamentula. Vom Monte del Gozo erblickten sie erstmals die Stadt des Apostels.

◄ *Burgos. Gewölbe der Domkuppel.*

► *Frómista. Kirche San Martín.*

►► *Villalcázar de Sirga, Portalanlage von Santa María la Blanca.*

▼ *Der thronende Christus in der Jakobskirche von Carrión de los Condes.*

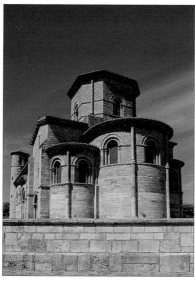

◄◄ *Sahagún, Apsis der Kirche San Tirso.*

◄ *Fassade der Kathedrale von León.*

▼ *León. Fahne von Baeza und Schatz des hl. Isidor. Dank der Fürsprache des hl. Isidor ging Alfons VII. in der Schlacht von Baeza als Sieger hervor.*

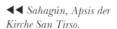

◄ *Templerschloss von Ponferrada. Die im 11. Jh. über den Sil gebaute Eisenbrücke gab der Stadt ihren Namen. 1178 ließen sich dort die Templer nieder.*

Das Cruz de Ferro erhebt sich am Foncebadón-Pass über einen von Pilgern aufgetürmten Steinhaufen.

Astorga. Wehrgänge, Apsis der Kathedrale und der Bischofspalast von Gaudí.

► *Die Kirche Santa María von Cebreiro.*

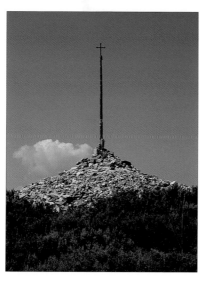

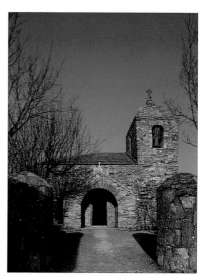

29

▲▲ *Kathedrale von
Santiago de Compostela.
Statue des hl. Jakobus.*

▲ *Kathedrale von Santiago
de Compostela. Petrus,
Paulus, Jakobus und
Johannes, Portikus des
Ruhmes. Millionen
Handabdrücke prägten eine
Mulde in die Marmorsäule
der Jakobusstatue.*

*Kathedrale von
Santiago de Compostela,
der Botafumeiro.*

*Kathedrale von
Santiago de Compostela,
das Platerías-Portal.*

SANTIAGO DE COMPOSTELA

Die Pilger betraten den
Wallfahrtsort durch die *Puerta del
Camino*, folgten dem *Camino
Francés*, der zum *Paradiso*, dem
nördlichen Vorplatz der Kathedrale von
Compostela führte. Hier tummelten sich die
Concheiros, die aus Blei oder Zinn gefertigte
Nachbildungen der berühmten
Jakobsmuschel verkauften. Die nun endlich
am Ziel ihrer langen Reise angelangten
Jakobspilger erhielten saubere Kleidung und
wachten die erste Nacht am Grab des Apostels.
Am Morgen gingen sie nach der Ablasslesung
zur Messe, empfingen die Sakramente und die
Compostela, die ersehnte Weihmünze. Ein
weiterer bewegender Augenblick bestand für
die Pilger darin, hinter die Jadkobusstatue zu
klettern, um den Heiligen zu umarmen.
1095 wurde der Sitz des Bistums von Iria Flavia
nach Compostela verlegt und die Basilika zur
Kathedrale erhoben. Ihre Barockfassade aus
dem 18. Jh. ist ein Meisterwerk des galizischen
Architekten Fernando Casas y Novoa.
Dennoch sind zahlreiche romanische
Elemente erhalten, wie das Las Platerías-Portal
auf der Südseite, das zu Beginn des 12. Jh.
entstand oder der von Meister Mateo
geschaffene Portikus des Ruhmes des
ausgehenden 12. Jahrhunderts. Bis heute hat
Compostela nichts an seiner Anziehungskraft
eingebüßt und ist auch knapp 1200 Jahre nach
Entdeckung des Apostelgrabes Ziel
zahlreicher Pilger.

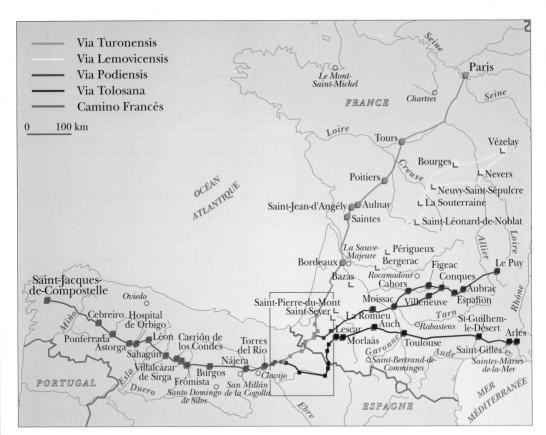

INHALTSVERZEICHNIS

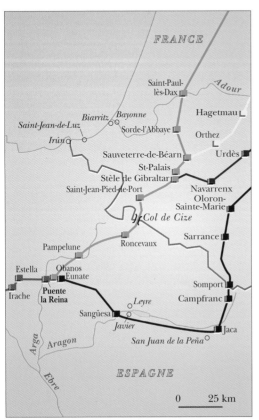